Éditions Usborne

# Le récit de Noël

Éditions Usborne

# Le récit de Noël

Anna Milbourne

Illustrations : Alessandra Roberti

Maquette : Nicola Butler

Pour l'édition française :
Traduction : Lorraine Beurton-Sharp
Rédaction : Renée Chaspoul
et Nick Stellmacher

Un jour, il y a très, très longtemps, un ange descendit du ciel.

Il alla rendre visite à une jeune femme, prénommée Marie, dans un petit village poussiéreux, Nazareth. Marie avait très peur, car elle n'avait jamais vu d'ange auparavant.

« N'aie pas peur, Marie, dit l'ange doucement. Le Seigneur m'envoie pour t'annoncer que tu mettras au monde un fils. Il est le fils de Dieu. »

Marie n'était ni riche ni importante, mais elle était douce et bonne.

« Je ferai selon la volonté du Seigneur », dit-elle.

Marie épousa Joseph, un charpentier d'une grande bonté.

Peu de temps avant la naissance du bébé, le gouverneur du pays envoya un message. Tous les gens devaient se rendre dans leur ville d'origine pour être recensés.

Marie et Joseph  devaient donc se rendre à Bethléem, et le voyage était long.

Quand ils arrivèrent là-bas, il était tard et Marie était très fatiguée. Tous deux parcoururent les rues endormies pour trouver un endroit où loger.

Mais il ne restait aucune chambre disponible. Lorsqu'ils se présentèrent à la dernière auberge, l'aubergiste leur dit : « Je suis désolé. Je n'ai qu'une étable à vous offrir. »

Cette nuit-là dans l'étable, Marie mit au monde un petit garçon. Elle l'appela Jésus.

Il n'y avait pas de berceau pour lui, alors elle l'emmaillota chaudement et le coucha dans une mangeoire remplie de paille.

Marie regarda son bébé avec amour.

Sur les collines à l'extérieur de Bethléem, un groupe de bergers gardaient leurs moutons. Soudain, une lumière éblouissante apparut dans le ciel nocturne. Les bergers tremblèrent de frayeur.

Un ange apparut et leur dit : « N'ayez pas peur, je vous apporte une grande nouvelle. Aujourd'hui le fils de Dieu est né. Vous le trouverez couché dans une mangeoire. »

Aussitôt des anges illuminèrent le ciel en chantant leur joie.

Ils disparurent aussi soudainement qu'ils étaient venus, et la nuit redevint silencieuse et obscure. L'un des bergers murmura : « Partons chercher le nouveau-né. »

Ils trouvèrent l'enfant Jésus couché dans la mangeoire, ainsi que l'ange le leur avait dit.

Le jeune berger voulait faire un cadeau au bébé, mais il était trop pauvre pour acheter quelque chose. Alors, il offrit un petit agneau à Jésus.

Très loin de là, trois Rois mages virent une nouvelle étoile briller dans le ciel. « Ceci est un signe très spécial, dit l'un. Il signifie qu'un nouveau roi est né. »

Ils suivirent longtemps
l'étoile à travers le désert, jusqu'à
ce qu'ils arrivent devant l'étable.

L'étoile s'arrêta au-dessus
du toit délabré de l'étable.

Bien que ce ne fût pas un palais, les
Rois mages savaient qu'ils trouveraient
le roi nouveau-né à l'intérieur.

Les trois Rois mages entrèrent dans l'étable tout doucement pour ne pas réveiller le bébé.

Ils s'agenouillèrent devant lui sur la paille
et lui offrirent des cadeaux dignes d'un roi
– de l'or, de l'encens et de la myrrhe.

Ce fut le tout premier Noël.

Depuis, tous les ans à Noël, les gens racontent l'histoire de la naissance de Jésus.

Rédaction : Gillian Doherty